www.ingramcontent.com/pod-product-compliance
Lightning Source LLC
LaVergne TN
LVHW010414070526
838199LV00064B/5297
* 9 7 8 9 3 5 8 7 2 8 8 6 6 *

مظفر حنفی کی نثر

(مضامین)

مرتبہ:

پرویز مظفر

© Parvez Muzaffar

Muzaffar Hanafi ki Nasr

By: Parvez Muzaffar

Edition: February '2024

Publisher :

Taemeer Publications LLC (Michigan, USA / Hyderabad, India)

ISBN 978-93-5872-886-6

9 789358 728866

مصنف یاناشر کی پیشگی اجازت کے بغیر اس کتاب کا کوئی بھی حصہ کسی بھی شکل میں بشمول ویب سائٹ پر اَپ لوڈنگ کے لیے استعمال نہ کیا جائے۔ نیز اس کتاب پر کسی بھی قسم کے تنازع کو نمٹانے کا اختیار صرف حیدرآباد (تلنگانہ) کی عدلیہ کو ہوگا۔

© پرویز مظفر

کتاب	:	**مظفر حنفی کی نثر** (مضامین)
مرتب	:	**پرویز مظفر**
پروف ریڈنگ / تدوین	:	اعجاز عبید
صنف	:	مضامین
ناشر	:	تعمیر پبلی کیشنز (حیدرآباد، انڈیا)
سالِ اشاعت	:	۲۰۲۴ء
صفحات	:	۴۸
سرورق ڈیزائن	:	تعمیر ویب ڈیزائن

فہرست

(۱)	میرا نظریۂ تخلیق	6
(۲)	اردو کی پہچان: غزل	12
(۳)	معرکۂ تخلیق و تنقید	16
(۴)	ڈاکٹر عبد الکلام کا کلامِ بلاغت نظام	23
(۵)	ہمارے مشاعرے	29
(۶)	بشیر بدر رمؔ!	38

(۱) میرا نظریۂ تخلیق

(آل انڈیا ریڈیو کی اردو سروس نے "کلامِ شاعر" کے عنوان سے ایک نشریاتی سلسلہ شروع کیا تھا جس میں شاعر کی تخلیقات کے علاوہ اس کے نظریۂ تخلیق سے متعلق تاثرات بھی سامعین تک پہنچائے جاتے تھے۔ پیش نظر مختصر مضمون اس سلسلے سے ہے۔)

سچّا شاعر، حسرتؔ موہانی کی طرح ہر اچھے استاد سے فیض اٹھاتا ہے۔ اساتذہ کے کلام سے بہتر اور اچھا استاد کون ہو سکتا ہے چنانچہ میں نے میرؔ سے یہ سبق حاصل کیا کہ سچّا شعر وہ جو پڑھنے یا سننے والے کے دل میں اتر جائے۔ غالبؔ نے مجھے پہلو داری اور لفظ کو گنجینۂ معنی بنانے کا گر سکھایا اور حالیؔ نے اصلیت اور سادگی کا رمز بتایا۔ طنز کے مناسب استعمال اور سامنے کے مضامین کو تخلیقی عمل سے گزار کر بات کو نئی اور لہجے کو منفرد بنانے کا فن میں نے شاد عارفی سے حاصل کیا ہے اور میری شاعری، جیسی کچھ بھی وہ ہے، انھیں چار ستونوں پر ایستادہ ہے۔

دھوکا کھاتے ہیں وہ فن کار، جو نقاد کے جاری کردہ شاعری کے اسباق پر اپنے فن کی بنیاد رکھتے ہیں۔ تنقید اکثر شاعر کو اصلاح پسندی، ترقی پسندی اور جدیدیت جیسے خانوں میں بانٹتی ہے۔ اس طرح بھلے ہی غیر تخلیقی نقاد کو لکھنے میں سہولت ہوتی ہو اور اس کی حیثیت مستحکم ہوتی ہو لیکن فن اور فن کار اکائی بننے کے بجائے ریزہ ریزہ ہو جاتے ہیں۔ میں نے اپنی شاعری کو خانوں میں تقسیم ہونے سے بچانے کی بھر سک کوشش کی ہے۔

کئی نقاد عظمت بانٹتے ہیں مظفرؔ سر بسر انکار ہو جا

میرا عقیدہ ہے کہ نقاد کی عطا کردہ عظمت پستہ قامت ہوتی ہے، خاص طور پر اپنے

ہم عصروں کی تنقید کبھی انصاف نہیں کر سکی۔ شاعر کی تخلیق اگر خود پر زمانے کی گرد جمنے نہ دے اور عہد بعہد اپنی پرتیں اتارتی رہے تو یہی اس کی سب سے بڑی کامیابی ہے۔ میں نے رباعیات، پابند اور آزاد نظمیں اور غزلیں کہی ہیں لیکن وافر سرمایہ غزلوں کا ہے جن کی تعداد پندرہ سو سے زیادہ ہے۔ زیادہ یا کم کہنا میرے خیال میں شاعر کے منصب کا تعین نہیں کر سکتا ہاں سچی اور اچھی شاعری کی تعداد زیادہ ہو تو فن کار کا قد اسی نسبت سے بلند ہوتا جاتا ہے۔

مفہوم در بطنِ شاعر، کی پرانی پھبتی آج بھی اتنی ہی صحیح ہے جتنی قدیم زمانے میں تھی۔ شعر کو پہلو دار بنانے کے لیے میں ابہام کو ایک وسیلے کے طور پر استعمال کرتا ہوں کہ اس طرح اس میں ایک مختلف ادوار تک زندہ رہنے کی قوت پیدا ہوتی ہے لیکن اہمال شعر کو اسقاطِ حمل کے مترادف بنا دیتا ہے۔

میں تخلیقِ شعر کے دوران صرف اپنے تئیں پُر خلوص ہوتا ہوں۔ چوں کہ سماج کا فرد ہوں اس لیے میرا یہ خلوص اگر اظہار پانے میں کامیاب ہو جائے تو معاشرے کے لیے مُضر ہو ہی نہیں سکتا۔ پھول اپنے وجود کے اظہار کے لیے کھلتا ہے لیکن خوشبو کو صرف اپنے دامن میں سمیٹ کر نہیں رکھ سکتا۔

زیادہ میک اپ کی ضرورت بد صورتوں کو ہوتی ہے۔ میں شعر کو غیر ضروری آرائشگی اور تصنّع سے حتی الامکان پاک رکھنے کی کوشش کرتا ہوں۔ گہرا اور پیچیدہ خیال اگر شعر میں سہلِ ممتنع کی صورت اختیار کر سکے تو میرے تئیں یہ سب سے بڑی کامیابی ہے۔ تجربات کی بات الگ ہے اور اس کا حق مبتدیوں کو ہرگز نہیں پہنچتا لیکن فنّی پابندیوں میں رہ کر شعر میں نئی نئی باتیں کہنا اور نئے اسلوب میں کہنا میرے نزدیک فن کی معراج ہے۔ کاش میری شاعری ان معیاروں پر پوری اتر سکے۔ ایک آزاد نظم، دو رباعیاں اور دو غزلیں

ملاحظہ فرمائیے۔

چل ہم زاد!

دن چڑھ آیا،
چل ہم زاد،
میرے بستر پر تو آجا۔
کالی نفرت،
سُرخ عقیدت،
بھوری آنکھوں والی حیرت،
بھولی بھالی زرد شرافت،
نیلا نیلا اندھا پیار،
رنگ برنگے غم کے تار،
خوشیوں کے چمکیلے ہار،
دھانی، سبز،
سپید، سنہرے،
اپنے سارے نازک جذبے،
پھر دن کو تجھ کو سونپے،
مصلحتوں کے شہر میں ان کے،
لاکھوں ہیں جلّاد۔
دن چڑھ آیا،
چل ہم زاد!

رباعی

صحرا مجھے ہر گام پہ زک دیتا ہے
منزل مرے ہاتھوں سے جھٹک دیتا ہے
لیکن مرے پاؤں جمنے لگتے ہیں جہاں
شفقت سے مری پیٹھ تھپک دیتا ہے

رباعی

گھیرے میں لیے ہوں تجھے ہالا بن کر
لپٹا ہوں ترے پاؤں سے چھالا بن کر
اے روشنیِ طبع جھجکتی کیوں ہے
ظلمت ہوں، مجھے کاٹ اجالا بن کر

غزل

کبھی تو صدقہ مرا کاک سے اتارا جائے
مجھے بلندیِ افلاک سے اتارا جائے
ادھر بھی لاش تڑپتی ہے دفن ہونے کو
یہ سر بھی نیزۂ سفاک سے اتارا جائے
نہ جانے کب سے زمیں گھومتی ہے محور پر
مجھے سنبھال کے اس چاک سے اتارا جائے

مِلا یہ حکم کہ سسکاریاں نہ لے کوئی
کوئی بھی رنگ ہو پوشاک سے اتارا جائے
قریب آؤ کہ مہندی رچی ہتھیلی پر
ستارہ دیدۂ غمناک سے اتارا جائے
انام کے دم سے ہی آباد ہے خرابۂ جاں
اسی کو مسندِ ادراک سے اتارا جائے
اُسے چُھپاؤ مظفر سخن کے پردے میں
غلاف کیوں حرمِ پاک سے اتارا جائے

غزل

مدافعت میں بھی تلوار اگر اٹھاتا ہوں
تو بے قصور کہاں ہوں کہ سر اٹھاتا ہوں
خفا ہیں اہلِ فلک میری چیرہ دستی پر
ستارے بو کے زمیں سے ضرر اٹھاتا ہوں
مِرا کمالِ ہُنر میری صاف گوئی ہے
صعوبتیں بھی اسی بات پر اٹھاتا ہوں
ثمر بدست شجر پر چلائے تھے پتھر
گِرے ہیں پھل تو انھیں چوم کر اٹھاتا ہوں
اگرچہ دل پہ ٹپکتی ہے یاد کی شبنم
خفیف ہوں کہ دھواں رات بھر اٹھاتا ہوں

گزر گیا وہ بگولہ، وہ ریت بیٹھ گئی
میں بیٹھتا ہوں نہ رختِ سفر اٹھاتا ہوں
سخنوروں میں مظفرؔ کو سُرخرو رکھیو
ترے حضور کفِ بے ہنر اٹھاتا ہوں

(۲) اردو کی پہچان : غزل

یوسف حسین خاں اور رشید احمد صدیقی جیسے کئی بڑے نقادوں نے غزل کو اردو زبان و ادب کی آبرو قرار دیا ہے اور میرے خیال میں بھی غزل، اردو کی سب سے بڑی پہچان ہے۔ میری اس بات کا یہ مطلب ہرگز نہ نکالا جائے کہ اردو میں اچھی نظمیں، افسانے، ناول وغیرہ نہیں لکھے گئے۔ فیضؔ اور مخدومؔ کی بہت سی نظمیں، منٹو اور بیدی کے درجنوں افسانے، عصمت اور عینی کے کئی ناول، اوّل درجے کی تخلیقات ہیں۔ میرا کہنا یہ ہے کہ اوّل درجے کی ایسی نظمیں، کہانیاں، ناول وغیرہ نہ صرف دنیا کی دوسری زبانوں کے ادب میں، بلکہ ہندوستان کی بہت سی علاقائی زبانوں کے ادب میں بھی موجود ہیں لیکن اردو غزل کا جواب کسی اور زبان کے پاس نہیں ہے۔

جانتا ہوں کہ آج غزل، ہندی اور کئی دوسری بھارتی بھاشاؤں میں تخلیق کی جارہی ہے۔ انگریزی اور کئی دیگر مغربی زبانوں میں بھی کہی جاتی ہے لیکن معیار، تعداد اور تاثیر، ہر لحاظ سے غزل، صرف اور صرف غزل اردو کی پہچان ہے یہاں تک کہ وہ اپنی جنم داتا فارسی غزل سے بھی بہت آگے نکل آئی ہے۔

اردو زبان و ادب کی پوری تاریخ دیکھ لیں، غزل کا پرچم ہر زمانے میں بلند رہا ہے۔ قطب شاہی اور عادل شاہی دور میں مثنوی اور قصیدے اپنے شباب پر تھے اور غزل ان کے شانہ بہ شانہ چل رہی تھی۔ اٹھارہویں صدی کو تو غزل کا سنہری دور کہا ہی جاتا ہے۔ لکھنوی نوابوں کے زمانے میں مرثیے کا دور دورہ ہوا تب بھی غزل برابری کے مسند پر براجمان رہی۔ ۱۸۵۷ء کی ناکام جنگِ آزادی کے بعد سرسید اور حالیؔ وغیرہ کی اصلاحی

تحریک کے جھنڈے تلے پابند نظموں نے زور پکڑا اس وقت بھی غزل مقبولیت کی چوٹی پر قائم رہی اور ترقی پسند تحریک نے آزاد نظم کے سہارے اپنے نظریات کی تبلیغ شروع کی تب بھی غزل نے عوام کے دلوں پر اپنی گرفت مضبوط رکھی اور جدیدیت کو تو غزل کا آبِ حیات ہی کہا جاتا ہے۔

بات یہ ہے کہ غزل اپنی بحروں کی موسیقی، قافیوں کی جھنکار اور ردیفوں کی تکرار کی وجہ سے کانوں میں رس گھولتی ہے، سبک اور سجل لفظوں کا استعمال اس میں جادوئی اثر پیدا کرتا ہے اور اشاریاتی، علاماتی (Symbolic) انداز اس کے شعروں کو اتنا پہلو دار اور پرت دار بنا دیتا ہے کہ اس کا ایک ہی شعر الگ الگ مقامات اور زمانوں میں مختلف مطلب اور معنی ادا کرتا ہے جیسے سانپ اپنی کینچلی اتار کر نیا ہو جاتا ہے۔

غزل کی مقبولیت کا سب سے بڑا سبب اس کا اختصار ہے۔ اس کے شعر میں بڑی بات کو بہت سمیٹ کر کہا جاتا ہے۔ اچھی شاعری کی سب سے بڑی خوبی یہ سمجھی جاتی ہے کہ کم سے کم لفظوں میں بڑی سے بڑی بات اس طرح بیان ہو کہ تیر کی طرح دل میں پیوست ہو جائے۔ دنیا کی تمام زبانوں میں شاید اردو غزل کے شعر اور ہندی کے دوہوں میں ہی یہ خوبی پائی جاتی ہے کہ صرف دو مصرعوں میں پورا خیال پوری تاثیر کے ساتھ ادا ہو جاتا ہے۔ دوہے کے لیے ایک خاص بحر کی شرط ہے، غزل بہت سی چھوٹی بڑی بحروں میں کہی جاسکتی ہے۔ پھر ایک غزل کے پانچ سات شعروں میں قافیے اور ردیف کی تکرار سے جو موسیقی پیدا کی جاتی ہے وہ دوہے میں ممکن نہیں ہے۔

کچھ ناسمجھ، سمجھتے ہیں کہ غزل صرف معشوق سے باتیں کرنے کا فن ہے۔ بیشک اس میں محبوب کی، یا محبوب سے باتیں بھی کی جاسکتی ہیں لیکن اس کے ساتھ دنیا جہان کا کوئی بھی موضوع غزل میں برتا جاسکتا ہے۔ فلسفہ، مذہب، سیاست، تاریخ، تہذیب، سائنس

الغرض کوئی بھی مضمون غزل کے دائرے سے باہر نہیں ہے، بس باتوں کا ایسی ملائمت، مٹھاس اور شرافت سے کہیے جس طرح عاشق اپنے محبوب کے ساتھ بہت ادب سے پیش آتا ہے۔

انگریزی اور دوسری مغربی زبانوں کے نظم میں عام طور پر ایک ہی موضوع پر تفصیل سے بات کی جاتی ہے۔ اسی کو پیمانہ مان کر ہمارے ایک مغرب زدہ نقاد کلیم الدین احمد غزل پر ریزہ خیالی کی تہمت رکھتے تھے کیوں کہ اس کا کینوس پانچ سات شعروں کا ہی ہوتا ہے اور اس میں بھی ہر شعر میں مضمون الگ باندھا جاتا ہے۔ بی۔ بی۔ سی (لندن) پر انٹرویو لیتے ہوئے رضا علی عابدی نے کچھ ایسی ہی بات کہی کہ اسی وجہ سے غزل عالمی ادب سے آنکھ نہیں ملا پاتی۔ میں نے جواب میں عرض کیا تھا کہ غزل کی خوبی کو خرابی سمجھنا ٹھیک نہیں ہے۔ اگر دوسری کسی زبان کے پاس غزل جیسی کو صنف (یاGenre) نہیں ہے تو اُسے شرمندہ ہونا چاہیے نہ کہ غزل کو؟ تاج محل کی دوسری مثال دنیا بھر میں کہیں نہیں ہے تو کیا اس کے لیے ہم قصوروار ہیں؟

غزل کی عظمت کا اس سے بڑا ثبوت اور کیا ہو سکتا ہے کہ اردو میں ایک سے ایک بڑا نظم کہنے والا، مثنوی، مرثیہ، قصیدہ لکھنے والا، تنقید، تحقیق کرنے والا، کہانی، ناول، ڈراما تخلیق کرنے والا گزرا ہے لیکن اتنی چھتنار اور چار صدیوں پر پھیلی ہوئی روایت میں جو تین لکھاری عظیم مانے گئے ہیں وہ ہیں میرؔ، غالبؔ اور اقبالؔ۔ ان میں اقبالؔ نے غزل اور نظم دونوں کہیں، باقی ڈھائی شاعر غزل کے پروردہ ہیں۔ میں نے تقریباً ہر ادبی میدان میں طبع آزمائی کی ہے۔ نظم، رباعی، افسانہ، تنقید، سفر نامہ، تحقیق، بچوں کا ادب وغیرہ لیکن فیصلے کی گھڑی آئی تو کہنے پر مجبور ہوا کہ ____

بُری نہیں ہے مظفرؔ کوئی بھی صنفِ ادب

قلم غزل کے اثر میں رہے تو اچھا ہے غزل کی چمک دمک اور نفاست میں بڑا ہاتھ اس کے صحیح تلفظ (Pronunciation) کا ہے۔ ہندی اور دوسری زبانوں میں غزل کہتے ہوئے اس نکتے کو دھیان میں رکھا جائے کہ 'جہاز' کا قافیہ 'آج' اور 'آگ' کا قافیہ 'داغ' باندھنے سے غزل کا شعر دھندلا ہو جاتا ہے۔ ویسے ہر زبان کے اپنے تقاضے اور اپنے اصول ہوتے ہیں تو ہم اور آپ بیچ میں زیادہ بولنے کا حق نہیں رکھتے!

(۳) معرکۂ تخلیق و تنقید

جہاں تک تنقید میں غیر جانبداری کا سوال ہے، میں سمجھتا ہوں اس مطالبہ سے کوئی بھی نقّاد عہدہ بر آ نہیں ہو سکتا۔ بشریت کا تقاضا ہے کہ کچھ چیزیں پسند آتی ہیں اور کچھ کو مزاج قبول نہیں کرتا۔ نقّاد بھی بہر حال ایک انسان ہی ہوتا ہے اور اس کی بھی ذاتی پسند و ناپسند ہوتی ہے چنانچہ جب حالیؔ جیسا ثقہ نقّاد اپنے استاد غالبؔ کی شراب نوشی کو ایسے انداز میں بیان کرتا ہے کہ یہ ایک گوارا فعل محسوس ہونے لگے، اور جب محمد حسین آزادؔ استاد ذوقؔ کا حلیہ بیان کرتے ہوئے ان کی سیاہ فامی کو اپنے خوبصورت اسلوبِ تحریر کے وسیلے سے خوبصورتی کا مترادف بنا دیتے ہیں یا کلیم الدین احمد اپنے والد کی محبت سے مغلوب ہو کر ان کی سپاٹ نظموں کو عظیم شاعری تصور کرتے ہیں، تو ہمیں ان سے بدگمان ہونے کا کوئی حق نہیں پہنچتا کیوں کہ رشتے خواہ وہ استادی شاگردی کے ہوں یا خون کے، فطرتاً قریبی لوگوں سے محبت کرنے پر مجبور کرتے ہیں۔ ہزار خوبصورت بچّے جمع ہوں، ماں کو اپنا لنگڑا لولا بیٹا ہی زیادہ پیارا لگے گا۔ بے ایمانی وہاں سے شروع ہوتی ہے جب یہ ماں کسی دوسرے توانا خوبصورت بچّے کو اپنے اپاہج بیٹے کے مقابلے میں بدصورت اور کمزور ثابت کرنے کی کوشش کرتی ہے۔ اسی لیے ہم حالیؔ، آزادؔ یا کلیمؔ کو یہ حق بہر حال نہ دیں گے کہ وہ غالبؔ، ذوقؔ اور عظیمؔ کے علاوہ بقیہ تمام تخلیق کاروں کو ہیچ پوچ گردانیں۔ نقّاد کو کم از کم اتنا غیر جانبدار تو ہونا ہی چاہیے کہ وہ ذاتی تعلقات کی بنا پر پسند آنے والے فن کاروں کے علاوہ دوسرے لکھنے والوں کے ساتھ بہر طور منصفانہ رویّہ اختیار کرے۔ ادب میں

ایسی جانبداری جہاں کچھ خاص لکھنے والوں کو بالا قامت ثابت کرنے کے لیے حقیقی بلند مرتبہ فن کاروں کے قد گھٹا دیے گئے ہوں، ہمیشہ لائقِ مذمّت سمجھی جائے گی

ہم عصر ادب میں اس طرح کی گھپلے بازی کا گلہ کچھ زیادہ ہی سننے میں آتا ہے لیکن ہماری ادبی تاریخ شاہد ہے کہ جانبداری کی یہ مذموم روایت عہدِ قدیم سے چلی آرہی ہے البتہ تناسب میں فرق مختلف ادوار میں مختلف رہا ہے۔ محمد حسین آزادؔ نے ذوقؔ کے مقابلے میں مومنؔ اور غالبؔ کو جس طرح گھٹا کر پیش کیا، نیازؔ فتحپوری نے اخترؔ حیدرآبادی کو اونچا اٹھانے کے لیے جوشؔ و جگرؔ کو جتنا کم تر ثابت کیا، کلیم الدین احمد نے نظیرؔ و عظیمؔ کے تناظر میں بقیہ تمام شعراء کی جیسی مٹی خراب کی اور ابھی کل کی بات ہے کہ سردار جعفری نے اقبالؔ اور فیضؔ جیسے اہم شعراء کو دوسرے پست قامت ہم عصروں کے مقابل سرے سے فراموش کرنا چاہا، یہ ماضی بعید اور ماضی قریب میں تنقیدی جانبداریوں کے مشتے نمونہ از خروارے مثالیں ہیں۔

یہ نہ سمجھیے کہ تخلیق کار ہونے کے ناتے میں تخلیق کاروں کی حمایت کر رہا ہوں۔ مجھ سے زیادہ اس نکتے سے کون واقف ہوگا کہ شاعر اور ادیب کے تخلیقی سوتے اظہارِ ذات کے سر چشمے سے پھوٹتے ہیں، اس لیے اگر کوئی تخلیق کار یہ کہے کہ وہ انا پسند نہیں ہے ہمیں اس کذب بیانی کو سچ تسلیم نہیں کرنا چاہیے۔ ممکن ہی نہیں کہ انا کے جذبے کی مکمل نفی کرنے والا شعر کہنے پر قادر ہو یا دوسرا کوئی تخلیقی کام انجام دے سکے۔ ایسے لوگ پیر پیغمبر تو ہو سکتے ہیں، تخلیق کار نہیں۔ البتّہ اچھے اور سچّے تخلیق کار کی انا ایک متوازن انا ہوتی ہے۔ ہر غالبؔ نے میر کو اور ہر اقبالؔ نے غالبؔ کو بڑا فن کار تسلیم کیا ہے۔ یہ تو مریض انا کے حامل بشیر بدرؔ جیسے چھُٹ بھیّوں کا وتیرہ ہے کہ میرؔ، غالبؔ اور اقبالؔ ہوں یا عہدِ رواں کے دوسرے اہم فن کار، سب کو حقیر فقیر ظاہر کرتے ہوئے اپنی عظمت کے ترانے خود

الا اپنے کا قبیح فعل مسلسل اختیار کرتے ہیں۔ جامعہ ملّیہ اسلامیہ کے فکشن سمینار میں ایسے ہی ایک بزعمِ خود عظیم افسانہ نگار نے عصمت چغتائی سے پوچھا تھا کہ وہ کیا بیچتی ہیں اور قرۃ العین حیدر کے بارے میں ارشاد فرمایا تھا کہ موصوفہ کا مکمل ناول بھی مدعی افسانہ نگار کے ایک پیراگراف سے کم قیمت ہے۔ یہ تو خیر دو انتہا پسندوں کی باتیں تھیں۔ عام طور پر دیکھا جائے تو کم و بیش تمام تخلیق کار کم از کم اپنے ہم عصروں سے خود کو بہتر تصور کرتے ہیں اور وہ چاہتے ہیں کہ لوگ ان ہی کو اپنے عہد کا سب سے اچھا تخلیق کار تسلیم کریں۔ موجودہ دور، خود اشتہاریت SELF PUBLICITY اور روابط عامّہ PUBLIC RELATIONS کا دور ہے۔ عام طور پر بازار میں کھپت بڑھانے کے لیے سستی چیزوں کو زیادہ طمطراق کے ساتھ پیش کیا جاتا ہے۔ تخلیق کاروں میں بھی جو جتنا کم استعداد ہے، اتنا ہی زیادہ خود اشتہاریت پر مائل ہے۔ اس کا بنیادی سبب یہ ہے کہ کمتر درجے کا فن کار اپنی فنّی بے مائیگی سے بخوبی آگاہ ہوتا ہے لیکن اس کی انا اس تلخ حقیقت کو تسلیم کرنے سے انکار کرتی ہے، اس طرح جو گومگو کی کیفیت پیدا ہوتی ہے، اس کے ردِ عمل کے طور پر فن کار اپنے فن کے تیئں بے اعتمادی کا شکار ہو جاتا ہے اور اپنے پوچ فن کو وزن عطا کرنے کے لیے رابطۂ عامّہ اور خود اشتہاریت سے کام نکالنے کی سعی کرتا ہے کبھی رسالوں اور اخباروں کے مدیران سے تعلقات استوار کرنے کی صورت میں، تو کبھی ناقدین اور عمائدینِ ادب کی خوشنودی حاصل کر کے۔ ظاہر ہے یہ کام پیشے اور عہدے کے زور پر بآسانی کیا جا سکتا ہے اور جو فن کار ان وسیلوں سے عاری ہیں ان کے پاس لے دے کر ایک خوشامد کا حربہ رہ جاتا ہے۔ جن شاعروں اور ادیبوں کا تخلیقی شعور بالغ ہے، انھیں اپنی ذات اور فن پر اعتماد بھی ہوتا ہے اور وہ یقین رکھتے ہیں کہ کوئی خراب تخلیق بڑے سے بڑے نقّاد کے کہنے پر بھی اچھی نہیں ہو سکتی نیز سچّا ادب ناقدین کی بے اعتنائی سے مر نہیں

جاتا۔ دوسری جانب نقّاد بھی بہر حال انسان ہوتا ہے اور اردو ادب کا نقّاد تو ہندوستانی اور پاکستانی بھی ہوتا ہے، اس لیے وہ تحفے تحائف وصول کر کے خوش بھی ہوتا ہے اور خوشامد سے اثر بھی قبول کرتا ہے۔ یہ بھی نہیں بھولنا چاہیے کہ حالیؔ اور محمد حسین آزادؔ ہوں یا آل احمد سرور اور شمس الرحمٰن فاروقی اردو کے ننانوے فیصد ناقدین وہ ہیں جنھوں نے اپنی ادبی زندگی کا آغاز تخلیقی کاوشوں سے کیا اور اس میدان میں اپنی عدم استطاعت کا شعور ہو جانے کے بعد تنقید کا پیشہ اختیار کیا۔ ان نقادوں میں سے بیشتر ایسے عہدوں پر فائض ہیں یا ایسے وسیلے ان کے قبضۂ قدرت میں ہیں جن کے زیرِ اثر عارضی طور پر ہی سہی، ایسے پسندیدہ یا ناپسندیدہ مہروں کو آگے پیچھے کر سکتے ہیں۔ ان میں کوئی "عصری ادب"، "شب خون" یا "مریخ" جیسے جریدے کا مدیر ہے، تو کوئی سلیم احمد، محمود ہاشمی، یا عمیق حنفی کی طرح کسی ریڈیو اسٹیشن یا ٹیلی ویژن کا بڑا عہدیدار۔ محکمۂ اطلاعات کے کئی بڑے منصب دار بھی اردو کے نقادوں میں شمار کیے جاتے ہیں اور مجھ جیسے پروفیسر کی تو ایک بڑی تعداد ہندوپاک کی دانش گاہوں میں تنقید و تحقیق کے کارخانے چلا رہی ہے۔ کیسے ممکن ہے کہ مسودوں کے ساتھ خوشامد کرتے ہوئے اردگرد پھرنے والے، بلکہ بعض اوقات تحفہ و تحائف پیش کرنے اور مختلف طریقوں سے دیگر خدمات انجام دینے والوں کو نقاد بھڑوں کی طرح دور ہٹا دیں۔ ان ہی تخلیق کاروں میں سے کئی اپنی کتابوں کے چھپ جانے پر بڑے اہتمام سے رونمائی اور جشنِ اجراء کی داغ بیل ڈالتے ہیں اور نقادوں میں سے کسی کو صدارت، کچھ کو مہمانانِ خصوصی اور متعدد کو مقالہ نگار کی حیثیت سے مدعو کرتے ہیں۔ جلسوں کی ترک بھڑک میں سنہری کرسیوں پر بٹھاتے ہیں اور طرح طرح سے ان کی خاطر و مدارات کرتے ہیں۔ ناممکن ہے کہ ان جلسوں میں شرکت کے بعد نقّاد متعلقہ کتاب اور صاحبِ کتاب کی بھرپور تعریف نہ کرے۔ میرا مشاہدہ ہے کہ اس قسم کی

تقریبات میں بالشتیوں کو میرؔ، اقبالؔ اور کالی داس سے بھی بڑا تخلیق کار ثابت کرنے کی کوشش کی جاتی ہے اور پھر ان بے سر و پا تقریروں کے کیسٹ اور اسکرپٹ، ریڈیو، ٹی۔ وی اور اخبار و رسائل کے وسیلوں سے گھر گھر پہنچا دیے جاتے ہیں۔ اب تو یہ سلسلہ بیرونی ممالک میں جشن منانے تک پہنچ گیا ہے۔

آپ نے دیکھا کہ ہمارے ادب کے حمّام میں اکثر تخلیق کار اور نقّاد یکساں طور پر ننگے ہیں۔ ایسے افرا تفری کے عالم میں جب کوئی غالبؔ، کوئی یگانہ، کوئی میرا جیؔ، کوئی شادؔ عارفی یا کوئی منٹو تنقید کی بالا دستی قبول کرنے سے انکاری ہوتا ہے تو ہمارے نقّاد یا تو اس کی تنقیص پر اتر آتے ہیں یا اس کی جانب سے بے اعتنائی اختیار کر کے ایسے فن کار کو وقتی طور پر قعرِ گمنامی میں ڈھکیل دیتے ہیں۔ خاطر نشان رہے کہ نقّاد کسی نہ کسی مذہبی یا سیاسی عقیدے سے جڑا ہوتا ہے۔ چنانچہ ایسی وابستگیاں بھی کبھی کبھار اسے مجبور کرتی ہیں کہ وہ کسی نشورؔ واحدی پر کسی نیازؔ حیدر کو یا کسی ناصرؔ کاظمی پر کسی وامقؔ جونپوری کو فوقیت دے۔ کچھ یہ بھی ہے کہ حقیقی اور اہم فن کار پر تنقید لکھنے کے لیے اس کی تحریر کا مطالعہ ضروری ہوتا ہے کیوں کہ ایسا فن کار حیات و کائنات سے متعلق اپنے مخصوص تصورات رکھتا ہے اور ان کا اظہار فنی التزامات اور صراحت کے ساتھ کرتا ہے، چنانچہ اس کی تخلیقات پر گول مول گفتگو نہیں کی جاسکتی۔ چھوٹے اور بے استعداد لکھنے والے مبہم، بلکہ اکثر مہمل اندازِ بیان اختیار کرتے ہیں، جن پر گفتگو کرتے ہوئے نقاد کو سہولت ہوتی ہے کہ جیسا چاہے ویسا فلسفہ ان تحریروں کے بطن سے بر آمد کر سکے۔ خود سوچیے کہ مذکورہ بالا صورتِ حال میں خود اشتہاریت کے حامل بے مایہ تخلیق کاروں اور تن آسان و خود پسند نقادوں میں تال میل ہونا کتنا فطری عمل ہے۔

اب کچھ عبرت ناک بلکہ ہولناک واقعات سنیں۔ پچھلے دنوں پروفیسر گیان چند کا

ایک مراسلہ کئی اخبارات و رسائل میں شائع ہوا کہ ادیب و شاعر انھیں اپنی کتابیں (عقیدتوں کے ساتھ اور مفت) نہ بھیجا کریں کیوں کہ بعد ازآں وہ مصنفین کا یہ تقاضا سننا پسند نہیں فرماتے کہ ان کی تصنیفات پر جینؔ صاحب تبصرے بھی کریں۔

"شب خون" میں نقاد مدیر نے شاعری کے دس اسباق شائع فرمائے کہ ہم عصر تخلیق کار ان سے استفادہ کرنے کے بعد عظیم شاعری کر سکیں۔ مدیر "مریخ" مدتوں سے ہدایت نامے جاری کر رہے ہیں کہ افسانہ نگار "باماجرا" کہانیاں لکھیں اور آزاد نظم جیسی فضولیات میں نہ پڑیں۔

دوسری طرف ایسے ہی کچھ نقادوں کی تنبیہ و سرزنش کے نتیجے میں تجریدی و علاماتی ادب کے نام پر کثیر تعداد میں جیسی گنجلک شاعری اور بے مفہوم افسانے منظرِ عام پر آئے اُسے ہماری صدی کی پچھلی تین دہائیاں کبھی معاف نہ کریں گی۔ غیاث احمد گدّی جیسا بانکا افسانہ نگار اپنے ادبی اعتراف کو ترستا ہوا مر گیا اور ہماری تنقید بلراج مینؔرا کی "ماچس" سلگاتی رہی۔ بمل کرشن اشک سے سنجیلے نظم نگار اور زیب غوری جیسے غزل گو ناقدین کی بے اعتنائی جھیلتے ہوئے ملکِ عدم کو سدھار گئے اور نقّاد بلراج کوملؔ کی معمولی نظموں اور باقیؔ کی اوسط غزلوں کا ڈنکا بجاتا رہا۔

باور کیجیے کہ تنقیدی رویّوں میں جانبداری کی طویل روایت کے باوجود اتنی دھاندلی کم از کم آج سے نصف صدی قبل نہیں تھی۔ اب تو ریاستی اردو اکادمیوں سے لے کر حکومت کے سب سے بڑے ادبی ادارے ساہتیہ اکادمی تک انعامات نقادوں کو خوش رکھ کر ہی حاصل کیے جا سکتے ہیں اور اپنی شان میں سوونیر نکلوانے کے بعد کوئی نقّاد تخلیق کار کی اہمیت کا قائل ہوتا ہے۔ تنقید تو تخلیق کی خامیاں اُجاگر کر سکتی ہے، تنقید کی غلط کاری پر انگلی اُٹھانے والا کون ہے ؟ تخلیق کار کو اپنی عظمت کا ڈنکا بجوانا ہے اور انعامات کے

سنہرے ڈھول بھی اس کے کانوں میں بج رہے ہیں، وہ سانپ کے تنقیدی بل میں انگلی دینے سے رہا۔ نقّاد، نقّاد کو غلط روی پر ٹوکنے سے رہا ایک کلیم الدین احمد کبھی کبھار یہ جسارت کرلیتے تھے سو وہ بھی نہ رہے اب بیٹھے ڈھول بجا۔

(۴) ڈاکٹر عبدالکلام کا کلامِ بلاغت نظام

سچی شاعری نہ صرف اپنے سماج اور پھیلی ہوئی کائنات کی آئینہ دار ہوتی ہے بلکہ تخلیق کار کے بطون کی عکاسی بھی کرتی ہے، "میر اسفر" میں شامل نظمیں اس بات کا منہ بولتا ثبوت ہیں۔ اس مجموعے کی نگارشات کے وسیلے سے قارئین متنوع موضوعات اور رنگا رنگ کیفیات کے ایک ایسے نگار خانے میں داخل ہوتے ہیں جہاں فکر و تجسس اور کیف و انبساط دونوں کا وافر سامان دستیاب ہے۔ یہ منظومات عناصرِ فطرت کے حسین مرقعوں سے مزین اور نرم و لطیف پیرائے میں انسان دوستی اور امن و آشتی کی تلقین کرتی ہیں۔ میں حیران رہ گیا یہ دیکھ کر کہ ایک عظیم منصب پر فائز اور گراں قدر سائنسی کارنامے انجام دینے والے اس فن کار کا ذہن تخلیقی اعتبار سے اتنا زرخیز اور اس کے تخلیق کردہ فن پاروں میں قدرتی مناظر کی عکاسی فطرت کے اتنے قریب ہے نیز لفظی تصویروں میں سیال و جامد پیکروں کی ایسی کثرت ہے جو کل وقتی شاعروں کے یہاں بھی کم کم نظر آتی ہے۔ پڑھنے والوں کے حواسِ خمسہ کو تسکین بخشنے والے چند نمونے پیکر تراشی کے ملاحظہ فرمائیں:-

سڑک کے دونوں جانب پوکھروں میں
کھلے تھے پھول سوسن کے
یہ رنگا رنگ خوشبودار بوٹے
ہواؤں کو معطر کر رہے تھے

فضاؤں کو مسخر کر رہے تھے

(تلاش مسرّت)

پھلوں سے جھولتی شاخیں شجر کی

ثمر ان پر کچھ ایسے لد رہے تھے

ہوں جیسے ماں سے ہم آغوش بچے

(شکرانہ)

مجھے تکتی ہوئی ننھی گلہری

سنہری خوشنما چڑیا، چنبیلی پر

ہوئی تھی محوِ سرگوشی گلوں سے

(کائنات)

نیلی موج، روپہلے جھاگ

ساحل سے ٹکرا ٹکرا کر جائیں بھاگ

(حافظہ)

ردائے رنگ بُنتے، شامی بادل

شعور ان کو عطا کرتی ہوئی

مندر کی گھنٹی

(کائنات)

پوکھروں میں کھلے سوسن کے پھول، پھلوں سے لدی پھندی جھولتی ہوئی شاخیں (اور انھیں آغوشِ مادر میں ہمکتے ہوئے بچوں سے تشبیہ دینا)، حیران نگاہوں سے تکتی ہوئی گلہری، چنبیلی پر سنہری چڑیا، روپہلے جھاگ اور نیلی امواج، رنگین چادریں بنتے ہوئے

سرمئی بادل جیسے بصری پیکروں کی تو اس مجموعہ کلام کے صفحات پر ایسی کثرت ہے کہ نگاہیں شرابور ہو جائیں اور ہواؤں کو معطر کرنے والے رنگارنگ خوشبودار پودوں جیسے شامی پیکر ہمارے مشامِ جاں کو بھی معطر کر دیتے ہیں اور مندر میں بجتی گھنٹی سمعی پیکر تراشتی ہے۔ اس سلسلے میں یہ دو مصرعے بھی

جہاں گُلوں لائق توجہ ہیں: کی مہک ہے پیامِ ربانی
یہاں بتاؤ کہ دیوارِ سنگ کیوں اٹھے
(دیوارِ سنگ)

مندرجہ ذیل پیکر بھی ملاحظہ ہو جس میں لمسیہ، بصریہ اور سامعہ کو اس خوبی سے آمیز کیا گیا ہے کہ بیساختہ واہ نکلتی ہے۔

پرند گھونسلے رکھیں
وہ چہچہاتے رہیں
ہوا کے لمس سے، شاخوں سے
چھن کے آتی رہے دھوپ
(دیوارِ سنگ)

اربابِ نظر بخوبی واقف ہیں کہ انسان کے باطن میں مختلف جذبات کی باہمی کشمکش اور جذبات کے تصادم سے وجود میں آنے والے پیچیدہ افکار کو شعری قالب عطا کرنا جوئے شیر لانے کے مترادف ہے۔ خالقِ اکبر نے میرا سفر، کے تخلیق کار کو یہ صلاحیت عطا فرمائی ہے۔ ایک عظیم سائنسداں نے اپنی ان ایجادوں پر جن کے لیے دنیا بھر نے انھیں خراجِ تحسین پیش کیا، ایک سوالیہ نشان لگایا ہے اور تشویش کا اظہار کیا ہے، ملاحظہ ہوں، نظم "اضطراب" کی یہ سطریں:۔

کیا یہ سب اسباب خوشی تھے ؟
کیا یہ میرے کام بڑے تھے ؟
میں نے فضا کی کھوج سنبھالی
علم و ہنر کی قدر بڑھائی ؟
یا ایسے ہتھیار بنائے
جو بربادی ساتھ میں لائے ؟
دل میں عجب ہیجان بپا ہے

اپنی ایک دوسری نظم میں شاعر نے اس سوال کا جواب پا لیا ہے اور اسے محسوس ہوتا ہے جیسے اس کا ایجاد کردہ دفاعی ہتھیار نہ صرف بنی نوع انسان کے لیے مفید ہے بلکہ اس کے خاندان کا نام زندہ اور روشن رکھنے کا وسیلہ بھی ہے:

اور پھر ہو گئی اگنی تیار
میرے کنبے کا وقار
یہ تھی اولاد مری، نازش تخلیق مری
کر دیا میں نے جسے خواہشِ اجداد کی نذر
(خواہش اجداد)

"ان کی نظم "خود داری" تلقین کرتی ہے: پہلے کچھ دینا تو سیکھو۔ بعد میں سب کچھ مل جائے گا" اس ضمن میں ایک اور نظم کا تذکرہ ناگزیر ہے۔ اس کا عنوان ہے "حافظہ"۔ اس پُر لطف اور پہلو دار نظم میں شاعر نے سائنسی ترقی اور فطری سادگی کے تصادم کو علامتی پیرائے میں بیان کرتے ہوئے نتیجہ اخذ کیا ہے کہ وہ کشتی جو قدرت کی ہمجولی بن کر پانی پر ناچتی تھی اس کے ساتھ آسمان، سمندر اور دیگر عناصرِ فطرت بھی رقص کرتے تھے

لیکن جب سے انجن والی کشتی وجود میں آئی ہے تو:۔

اب جب انجن والی کشتی
چیرتی ہے پانی کا سینہ
بھاگتی ہے ڈر ڈر کر مچھلی
دھواں دھار ضربوں سے پانی
دھند بنا تا رہتا ہے
(حافظہ)

اس نوع کی نظمیں طبقۂ شعراء کا سر بلند کر دیتی ہیں کہ "میرا سفر" کے شاعر نے عظیم سائنس داں کے شانے سے شانہ ملا کر سفر کیا ہے۔ محولہ بالا نظم ہی کے دو مصرعے ہیں:

"ماضی کی یادوں کے کھیت۔ ساحل، موج، سنہری ریت" کیسی مسرت آمیز حیرت ہوتی ہے یہ دیکھ کر کہ راشٹر پتی بھون اور مغل گارڈن میں روز و شب گزارنے والے شاعر کو اپنی جنم بھومی رامیشورم، وہاں کا شیو مندر، ہم جماعت راما سوامی، پجاری پاکشی لکشمن اور ابتدائی درجات کے استاد سبرامنیم ایّر کی یادیں اکثر گدگداتی رہتی ہیں۔ مثالیں درج کر کے تجزیات کے عمل سے گزرنا اس پیش لفظ کو طویل بنا دے گا اس لیے باتوں کو سمیٹنا چاہتا ہوں۔ مجموعے کی کئی نظمیں مثلاً "خدا"، "بادل"، "کون"، "اخوت"، "اشک" وغیرہ شاعر کی اس تڑپ اور کرب کی غمازی کرتی ہیں جو اس کے سینے میں ملک میں پھیلی ہوئی فرقہ وارانہ منافرت، تنگ نظری اور فتنہ و فساد کی عام فضا دیکھ کر پیدا ہوتا ہے۔ اپنی نگارشات کے ذریعے شاعر دیارِ ہند میں محبت، خلوص، بھائی چارگی، ایثار، قومی یکجہتی، تعلیمی فروغ اور انسانی خصائلِ حمیدہ کو پروان چڑھانے کی سعی کرتا نظر آتا ہے۔ ایک

حساس دانشور کی حیثیت سے اس مجموعۂ کلام کے شاعر نے ہماری ظلمت گزیدہ زندگی کے پُر پیچ راستے میں محبت بھری نظموں کے جو چراغ روشن کیے ہیں وہ اس تذبذب، تشکیک اور عدم اعتمادی سے لبریز ماحول میں روشنی کے سفیر بن کر جگمگا رہے ہیں، نئے خوابوں کی راہ دکھاتے ہیں، جہدِ عمل، زندہ رہنے کی امنگ اور کچھ کر دکھانے کا حوصلہ پیدا کرتے ہیں۔ دعا ہے کہ ان کی روشنی کبھی ماند نہ پڑے۔

نظم کا ترجمہ اور وہ بھی منظوم، بڑا جان لیوا کام ہے۔ شکیل شفائی اس ہفت خواں سے کامراں گزرے ہیں اور ترجمے کو طبع زاد جیسا بنا دیا ہے۔ انھیں مبارک باد!

(پیش لفظ: "میر اسفر" از ڈاکٹر عبدالکلام)

(۵) ہمارے مشاعرے

کوئی صاحب فہم اس حقیقت سے انکار نہیں کر سکتا کہ مشاعروں نے نہ صرف اردو زبان و ادب کی ترقی و ترویج میں اور انھیں مقبولِ عام بنانے میں اہم کردار ادا کیا ہے بلکہ ہمارے کردار و شخصیت کی تشکیل و تعمیر میں ہماری تہذیب و ثقافت کو مالا مال کرنے میں اور ہماری تحریکِ آزادی کے رگ و ریشے تک پیوست کرنے میں مشاعروں کا بڑا ہاتھ ہے۔ سبھی جانتے ہیں کہ انیسویں صدی سے پیشتر ہندوستان میں طباعت کا رواج نہیں کے برابر تھا اور پریس عنقا تھے۔ ظاہر ہے کہ قلمی نسخے معدودے چند ہی تیار کیے جاسکتے تھے اور وہ نوابین اور امراء کے کتب خانوں کی زینت بن کر رہ جاتے تھے۔ چنانچہ کلامِ شاعر کو عوام تک پہنچانے کا وسیلہ، صرف اور صرف مشاعرے ہو سکتے تھے۔ کم و بیش ۱۸۵۷ء تک مشاعرے ہی وہ علمی و ادبی مراکز تھے جہاں سے صفائیِ زبان اور اصلاحِ ادب کی چھوٹی بڑی تحریکات کو فروغ ملا۔ ابتدا ہی سے ان مشاعروں میں آزادیِ فکر اور جرأتِ اظہار کی مثالیں تلاش کی جا سکتی ہیں جن میں کبھی میرؔ اس حکمرانِ وقت سے جس کے وظیفہ یاب تھے، آنکھوں میں آنکھیں ڈال کر باتیں کرتے ہیں تو غالبؔ دربارِ شاہی میں ببانگِ دُہل کہتے ہیں کہ۔۔۔

ع "اِک کھیل ہے اورنگِ سلیمان میرے نزدیک" جو شاعروں کو اپنی ذات بھی اس تنقید و احتساب سے بَری نہیں تھی۔ ہما شما کا ذکر نہیں، میرؔ جیسے عظیم شاعر اور غالبؔ جیسے بلند مرتب فنکار پر بھی تنقید ہوئی اور برسرِ مشاعرہ ہوئی تبھی تو میرؔ نے جھلّا کر کہا تھا۔

سارے عالم پر ہوں میں چھایا ہوا
مستند ہے میرا فرمایا ہوا

اور غالب نے جواب دیا تھا:

نہ ستائش کی تمنّا نہ صلے کی پروا
گر نہیں ہیں مرے اشعار میں معنی نہ سہی

اور شعراء کے بے شمار تذکروں سے لے کر "نقوش" (لاہور) کے ادبی معرکے نمبر اور یعقوب عامر کے تخلیقی مقالے تک مختلف ادوار کے سخن گویوں کے مابین ادبی نبرد آزمائیوں کی داستانیں دیکھ جایئے۔ یہ سارے ڈرامے مشاعرے کے اسٹیج پر کھیلے گئے۔ سوداؔ اور ضاحکؔ یا انشاءؔ، مصحفیؔ کے درمیان کچھ ناشائستہ باتیں بھی ہوئیں لیکن بیشتر معرکے جن میں آتشؔ و ناسخؔ، دبیرؔ و انیسؔ، غالبؔ و ذوقؔ، چکبستؔ و شررؔ، میرؔ و داغؔ، یگانہؔ و ناطقؔ، شادؔ عارفی و ابر احسنی جیسے ادبی سورما باہم نبرد آزما نظر آتے ہیں۔ زبان و بیان کی ایسی ایسی لطافتوں اور نزاکتوں سے پردے ہٹائے جاتے ہیں کہ عقل حیران رہ جاتی ہے۔ یہ بر سرِ مشاعرہ کیے جانے والے اعتراضات اور نکتہ چینیوں کا خوف بڑے بڑے اساتذہ کو بھی سہل پسندی اور آسان روی سے باز رکھتا تھا۔ ابھی چند دہائیوں پہلے کی ہی بات ہے کہ بیخودؔ دہلوی نے اپنے استاد بھائی نواب سائلؔ دہلوی کو کسی رعایت کے بغیر ایک مشاعرے میں ٹوکا تھا کہ ان کے مطلع میں لفظ 'سی' کا استعمال نامناسب ہے اور یگانہ کی جراَتِ رندانہ کا بھی جواب نہیں جنھوں نے بھری بزمِ سخن میں ایک نامور استاد کو لقمہ دیا تھا کہ "حضّت! ایطا پر نگاہ کیجیے۔" استاد بالآخر استاد تھے۔ فوراً دوسرا مطلع کہہ ڈالا اور یگانہ چیخ کر بولے۔ "ایطا پہلے نہیں تھا۔ اب صادر ہوا۔ اساتذہ کو خود اعتمادی کے ساتھ اپنے کلام کا دفاع کرنا چاہیے"۔۔۔۔ جب صورتِ حال یہ ہو تو شاعر اپنے کلام کو بار بار مانجھنے کے بعد

ہی مشاعرے میں لب کشائی کی جرأت کرتے تھے اور مبتدی کسی مستند اور معتبر استاد کی اصلاح کے بغیر مشاعرے میں شرکت کا تصوّر تک نہیں کرسکتے تھے۔ آزادیِ ہند سے پیشتر تک عام طور پر طرحی مشاعروں کا رواج تھا۔ غالباً اس سلسلے کا قابلِ ذکر آخری طرحی مشاعرہ علامہ نیازؔ فتحپوری نے چار مختلف شہروں میں ۱۹۵۶ء کے آس پاس منعقد کیا تھا۔ طرح غالبؔ کا یہ مصرعہ تھا ع

دیکھنا قسمت کہ آپ اپنے پہ رشک آجائے ہے

اہلِ نظر بخوبی واقف ہیں کہ طرحی مصرعوں میں طبع آزمائی کرتے ہوئے اساتذہ اور مختلف درجے کے مشاعروں کو اپنے ہم عصروں سے مسابقت اور بازی لے جانے کا خیال رہتا ہے اور یہ فکر بھی لاحق ہوتی ہے کہ معدودے چند قوافی میں درجنوں سخنور شعر کہنے والے ہیں۔ اس لیے سرسری قافیہ پیمائی کی جگہ جانکاہی اور جان فشانی کے ساتھ کوئی نہایت نازک اور نادر خیال برجستگی اور لطافت کے ساتھ نظم کیا جائے جس میں کوئی عروضی اور فنی سقم نہ ہو تبھی مشاعرے میں کامیابی ممکن ہے۔

ان مشاعروں میں شامل ہونے والے ماہرینِ فن، محض خامیوں پر گرفت ہی نہیں کرتے تھے۔ ایسی مثالیں بھی گزری ہیں کہ کوئی نومشق شاعر مطلع پڑھتا ہے اور محفل میں موجود بڑے بڑے استاد اسے داد دیتے ہوئے اپنی غزلیں چاک کر دیتے ہیں!

میر تقی میرؔ کا مشہور شعر ہے ؎

شعر میرے ہیں گو خواص پسند
پر مجھے گفتگو عوام سے ہے

مشاعروں پر گفتگو کرتے ہوئے میں اس نکتے پر بہت زور دینا چاہتا ہوں کہ خواہ شاعر عوام کے لیے اور ان کے مفاد کو پیش نظر رکھ کر شاعری کرتا ہو، اسے پسند کرنے

والے خاص لوگ ہوں گے۔ سوچیے کہ پوری آبادی میں کتنی فیصد لوگ اردو جانتے ہیں۔ ان اردو دانوں میں کتنے فیصد لوگوں کو شعر وادب اور پھر ان باذوق لوگوں میں سے کتنوں میں وہ تنقیدی بصیرت اور نکتہ رسی پائی جاتی ہے جو اچھے اشعار کو سمجھنے کے لیے ضروری ہے چنانچہ میرؔ کا شعر سرسری نہیں غور کرنے کی چیز ہے ___ یہی سبب ہے کہ از ابتداء تا ۱۸۵۷ء مشاعرے مخصوص ادبی نشستوں کی سی حیثیت رکھتے تھے اور کبھی ایسے عوامی جلسوں نے جن میں ہزارہا افراد نے شرکت کی ہو، مشاعرے کی صورت اختیار نہیں کی۔ کبھی کبھار کسی باذوق بادشاہ نے دربار ہی میں شمعِ سخن روشن کرلی ہو تو اسے عوامی جلسے کا نام نہیں دیا جاسکتا۔ عام طور پر ایسی نشستیں کبھی میر تقی میرؔ، خواجہ میر دردؔ، مفتی آزردہؔ، نواب شیفتہؔ یا ایسے ہی اربابِ ادب کی جانب سے منعقد کی جاتی تھیں جن میں چنیدہ شاعروں کے علاوہ تھوڑے سے اعلیٰ ذوق رکھنے والے سامعین کو ہی باریابی کا موقع ملتا تھا۔ ان مشاعروں میں تفریح کا پہلو کم اور زبان و کردار کی ترقی پر توجہ زیادہ ہوتی تھی۔

۱۸۵۷ء کی ناکام جنگِ آزادی کے بعد قوم کی مرعوبیت اور شکست خوردگی کا احساس زائل کرنے کے لیے جہاں مختلف شعبہ ہائے حیات میں سرسید احمد خاں، ان کے رفقاء اور دیگر مصلحین نے مختلف اصلاحی تحریکات چلائیں وہیں انجمن پنجاب جیسے ادارے بھی قائم کیے گئے اور مشاعرے کے وسیلے سے زیادہ سے زیادہ لوگوں تک اصلاحی پیغامات پہنچانے کی کوشش کی گئی۔ یہیں سے مخصوص نشستوں نے بڑے عوامی مشاعروں کا روپ اختیار کیا اور یہ سلسلہ آزادیِ ہند تک جاری رہا۔ چوں کہ اس وقت تک ادبی قدروں کے آشنا بزرگ موجود تھے۔ اس لیے مشاعروں میں فنی نزاکتوں اور ادبی لطافتوں پر پوری توجہ دی جاتی رہی۔ ملحوظ رکھنا چاہیے کہ اس وقت تک ایک معمولی اردو داں بھی آج کے مقابلے میں بہت زیادہ نکھرا ہوا ادبی شعور رکھتا تھا۔ گھروں میں بیگمات بامحاورہ ٹکسالی اردو بولتی

تھیں اور یو۔ پی کے دیہاتوں میں مڈل اسکول کے طلباء سے اشعار کی تقطیع کرائی جاتی تھی۔ ایسے میں بالغ نظر شعرا سے باذوق سامعین کی ذہنی ہم آہنگی برقرار رہنا فطری تھا۔

آزادی سے کچھ پیشتر ترقی پسند ادبی تحریک نے اردو کے شعر و ادب میں بیش بہا اضافے کیے۔ ان میں سے شاعری کا بڑا حصہ آزاد نظموں پر مشتمل تھا جو ظاہر ہے مشاعرے میں بہت کم پڑھی جاتی تھیں۔ لے دے کر واضح پیامیہ ہی شاعری اسٹیج سے پیش کی جاسکتی تھی جس میں شاعرانہ خصوصیات سے زیادہ خطابت کے اوصاف پائے جاتے تھے۔ پھر بھی بیسویں صدی کی پانچویں دہائی تک ہمارے مشاعروں کا معیار بلند رہا۔ ان میں ترنم سے پڑھنے والے حفیظؔ، جگرؔ، ساغرؔ، مجروحؔ اور ماہرؔ القادری جیسے شاعر بھی تھے اور تحت میں کلام سنانے والے یگانہؔ، فراقؔ، جوشؔ، سیمابؔ اور فیضؔ جیسے فن کار بھی۔ ترنم کو تو خیر عوام میں مقبول ہونا ہی تھا لیکن تحت میں پڑھنے والے شعراء کی مقبولیت بھی کسی طرح کم نہ تھی۔ کہا جاسکتا ہے کہ فراقؔ کا ڈرامائی انداز اور جوشؔ کی شخصی وجاہت اور لہجے کے کرارا پن سامعین کے لیے کشش کا سبب ہوں گے لیکن اس دور کے مقبول شعراء میں حسرتؔ بھی شامل تھے جن کی ظاہری شخصیت معمولی اور آواز میں منمناہٹ تھی۔ عرض یہ کرنا ہے کہ اس دور تک اچھی اور سچی شاعری کسی دوسری بیساکھی کے بغیر عوام میں اس لیے پسند کی جاتی تھی کہ سننے والے فنی نزاکتوں سے واقف تھے اور اکثر فراق، شادؔ عارفی اور یگانہ جیسے تنک مزاج شاعروں کی ڈانٹ ڈپٹ بھی برداشت کر لیتے تھے۔

دنیا جانتی ہے کہ ہندوستان میں یہ وقت اردو زبان و ادب کے لیے ابتلا اور انتشار کا ہے۔ رفتہ رفتہ پچھلے اردو جاننے والے کم ہوتے گئے اور نئی نسلیں اردو سے بیگانہ ہوتی گئیں، خصوصاً یوپی اور بہار میں جو اردو کے مرکزی علاقے تھے اور اس کے نتیجے میں اردو

بولنے والوں میں سخن شناسی اور نکتہ سنجی کے اوصاف گھٹتے گئے۔ جب اچھا شعر سمجھنے کی استعداد نہ ہو یا کم ہو تو سپاٹ اور یک رخے شعر اچھے معلوم ہونے لگتے ہیں۔ اس پر ترنم کا اضافہ ہو جائے تو کیا کہنے۔ بعض لوگ ترنم کی جگہ اپنے ڈرامائی انداز سے کام چلانے لگے۔ مزید برآں مشاعرے میں مفاد پرستی عام ہو گئی۔

ذرا غور کیجیے مشاعرے میں اگر کوئی شعر ترنم سے بھی پڑھا جائے تب بھی زیادہ سے زیادہ تیس سکنڈ میں شعر مکمل ہو جاتا ہے۔ اس مختصر سے وقفے میں کسی گہرے اور تہہ دار شعر کو بے حد ذہین اور سخن فہم لوگ ہی سمجھ کر محظوظ ہو سکتے ہیں۔ کم ذوق اور بے عیار سامع تو محض آواز کی دلکشی اور پیش کش کے انداز کی داد ہی دے سکتا ہے۔ ضرورت زندگی کے ہر شعبے اور ہر دور میں ایجاد کی ماں رہی ہے۔ بیان کردہ حالات کی روشنی میں ملک کے گوشے گوشے میں ایسے افراد اور انجمنوں نے مشاعروں کے ٹھیکے لے لیے جو چندے یا ٹکٹ کے ذریعے عوام سے خوب پیسہ وصول کرتے ہیں اور ان کی سطحی پسند پر پورے اترنے والے شاعروں کو بڑے بڑے معاوضے دے کر مشاعروں میں مدعو کرتے ہیں۔ دوسری طرف ہلکے پھلکے انداز میں اکثر خارج از بحر اور اغلاط سے پُر شعروں میں ہم عصر ادبی شعراء کی جگالی کرنے والے پیشہ ور شاعروں اور شاعرات کی پوری کھیپ منظر عام پر آگئی جو آواز، اداکاری اور معمولی تک بندی کے بل پر مشاعروں میں مقبولیت کے جھنڈے گاڑنے لگی اور سامعین بھی مشاعروں کو ویسی دلچسپی کے ساتھ سننے اور دیکھنے لگے جیسے کہ قوالی یا مجرے سے لطف اندوز ہوتے ہیں! ان میں کچھ لوگ دوسروں سے لکھواتے ہیں تو کچھ ہندی میں لکھ کر لاتے ہیں۔

ستم بالائے ستم یہ کہ ایسے پیشہ ور گلوکاروں اور اداکاروں کی ٹولیوں نے اپنے اپنے ناظم اور نقیب بھی طے کر لیے جو مشاعروں میں اپنے جرگے کے شاعر یا شاعرہ کو بڑھانے

کا ہر نسخہ استعمال کرتے ہیں اور دوسرے گروہ کے سخن ور کو کبھی فحش لطیفوں کی باڑھ پر رکھ لیتے ہیں تو کبھی اسی موضوع پر بہت سے شعر سنا کر شاعر کی مقبولیت کو کم کر دیتے ہیں۔ شاعرات اسٹیج پر جتنی سطحیت کا مظاہرہ کرتی ہیں، سنجیدہ طبیعتیں اسے دیکھ کر بد حظ ہوتی ہیں لیکن بازاری مذاق کے ناظرین کے لیے یہ سب کچھ باعثِ لطف ہوتا ہے۔ پھر مزاح کے نام پر جس بد مذاقی اور بھونڈے پن کا مشاعروں میں مظاہرہ کیا جاتا ہے، اہلِ نظر اس سے بخوبی واقف ہیں۔ شاعر اکثر لمبی چوڑی تقریر کے ذریعے معمولی شعر کو اہم ثابت کرتا ہے اور داد کی بھیک مانگتا ہے۔ شعر اوریجنل ہے یا سرقے کا، یہ دیکھنے والا کوئی نہیں ہوتا۔

ماضی بعید و قریب میں بھی ایسا نہیں ہوا کہ مشاعرے اور ادب کے شاعر الگ الگ رہے ہوں۔ جگرؔ، فراقؔ، مجازؔ، مجروحؔ، ساغرؔ اور جوشؔ کبھی بیک وقت مشاعروں میں بھی مشغول تھے اور ناقدینِ ادب کی نگاہوں میں بھی محترم تھے۔ آج صورت حال یہ ہے کہ مشاعرے کے بیشتر شعرا و شاعرات کے ناموں سے ہمارے نقادوں کا واقفیت تک نہیں۔ نہ ان کا کلام کسی رسالے یا انتخاب میں جگہ پاتا ہے اور مشاعروں میں بھی یہی صورت حال ہے کہ وہاں کبھی ایک آدھ ادبی شاعر غلطی سے مدعو کر لیا جاتا ہے تو پہلے تو گرگِ باراں دیدہ نقیبِ مشاعرہ ہی اسے عجیب و غریب انداز میں کسی بے حد مترنم شاعر، کسی خوبرو شاعرہ یا کسی قہقہہ بردوش مزاحیہ شاعر کے بعد دادِ سخن دے کر دانستہ ہوٹ کراتا ہے۔ اور یہ سب نہ بھی ہو تو عوام کی بے ذوقی خود ادبی شاعر سے بے اعتنائی برتتی ہے۔

چند برس پیشتر بھوپال میں اردو اکادمی مدھیہ پردیش نے ایک ادبی نشست رکھی تھی۔ کچھ لوگ بضد تھے کہ شہریار اپنی وہ غزل سنائیں جو ایک فلم میں استعمال ہوئی تھی۔ شہریار کو تکلف تھا لیکن میری سفارش پر انھوں نے وہ غزل سنائی اور جم کر ہوٹ ہوئے۔

ظاہر ہے ان کے پاس نہ گلوکار کی آواز تھی اور نہ سازندے موجود تھے۔ اسی طرح جامعہ کے ایک جلسے میں فیضؔ صاحب نے بتایا کہ پاکستان میں اکثر لوگ ان سے فرمائش کرتے ہیں کہ مہدی حسن کی غزلیں سنائیں۔ فیض صاحب کے ذکر پر ایک واقعہ یاد آیا جسے ابھی کچھ دن پہلے مشاعروں کے مقبول ناظم ملک زادہ منظور احمد نے مجھے بطور لطیفہ سنایا تھا۔ وہ فیض مرحوم کے آخری دن تھے اور موصوف کسی ایسے مشاعرے میں شریک تھے جس کی نظامت ملک زادہ موصوف کر رہے تھے۔ بقول ان کے فیض صاحب کا حوالہ دے کر انھوں نے مشاعرے کے سامعین کو رات کے تین بجے تک روکے رکھا تھا لیکن ابھی فیضؔ نے اپنی نظم شروع ہی کی تھی کہ پنڈال سننے والوں سے خالی ہو گیا۔ لطیفہ سن کر میں نے عرض کیا تھا کہ اس پر تو ہنسنے کی جگہ ماتم کرنا چاہیے۔

اس سب کے باوجود میں نہ مشاعرے کی اہمیت اور افادیت کا یکسر منکر ہوں نہ اس کے مستقبل سے مایوس۔ اس موثر اور بے حد طاقتور ادارے کی ابتری کا سبب منتظمین کی خود غرضی اور پیشہ وروں کی سطحیت ہے۔ اگر اچھا ادبی ذوق رکھنے والی انجمنیں اور عوام کے نبضِ شناس ادبی شاعر مل کر کوشش کریں تو بہت جلد اصلاح ممکن ہے۔ پھر یہ بھی ہے کہ ادھر دس پندرہ برسوں سے اردو کی تعلیم و تدریس کا سلسلہ بھی شروع ہو گیا ہے۔ اس لیے توقع ہے کہ سامعین کا ادبی مذاق بھی رفتہ رفتہ بلند ہو گا اور مشاعرہ اپنے بنیادی منصب کو پھر حاصل کر لے گا۔ ضرورت ہے کہ مشاعروں میں عوامی مقبولیت رکھنے والے صرف انھی شعرا کو بلایا جائے جو واقعی اچھی شاعری بھی کرتے ہیں۔ غیر موزوں یا مہمل شعر کہنے والے متشاعروں، نقالوں اور سرقہ بازوں، دوسروں سے لکھوا کر پڑھنے والوں کو اور اردو سے نابلد افراد کو خواہ وہ گلے بازی کے ماہر ہوں یا اداکاری میں کمال رکھتے ہوں، مشاعروں سے دور رکھا جائے۔ ان کے بجائے قد آور ادبی شخصیت رکھنے والے ہم

عصر شاعروں کو بھی مدعو کیا جائے نیز نظامت ایسے ذہین افراد کے سپرد کی جائے جو لفّاظی، چرب زبانی یا لطیفہ گوئی کے سہارے ایسا سماں نہ باندھے کہ عوام مشاعروں کو سننے کی جگہ اس کی لطیفہ بازی سننا زیادہ پسند کریں۔ میرا خیال ہے کہ ہر مشاعرے کا ناظم اس علاقے سے ہی منتخب کیا جانا چاہیے جہاں مشاعرہ منعقد ہو۔ حالی کا یہ شعر سامعین اور شعرائے کرام دونوں پر آج بھی صادق آتا ہے۔

خشک سیروں تنِ شاعر کا لہو ہوتا ہے
تب نظر آتی ہے اک مصرعۂ تر کی صورت

(۶) بشیر بدر رَمؔ!

پہلا پتھر:

بہت پیارے مظفر حنفی!

ہم دوست ہیں، تم نے کسی جگہ مجھے دوست لکھا ہے، اس لفظ کی حرمت کا میں ہمیشہ پاس رکھوں گا۔ دوستی لین دین نہیں۔

میرا بیٹا نصرت، تمھارے شعبہ میں ایڈمشن چاہ رہا تھا۔ پتہ نہیں اس کا کیا ہوا۔ یہاں میرٹھ میں گھر ور تو راکھ ہو چکا ہے۔ وہ کامرس کا اسٹوڈنٹ رہا۔ پھر ادھر اسے کچھ ویڈیو فلموں میں کام ملنے لگا تھا ماڈلنگ میں بھی ابتدا ہوئی تھی۔ غالباً کادمنی اور مکتا وغیرہ میں اس کی تصویریں بھی آئی ہیں اور شاعری سے اس کی واقفیت انھیں لاکھوں، شاید کروڑوں نوجوانوں کی طرح ہے جو سائنس، کامرس، میڈیکل سائنس، انجنیرنگ، ایکٹنگ، میوزک وغیرہ کے شعبہ کے جدوجہد کرتے ہوئے لوگ ہیں اور اردو یا ہندی شاعری کو ایک دو لوگوں کے وسیلے سے جانتے ہیں اور بس۔ میں مانتا ہوں کہ ابتدائی دس بارہ سال ادب کا مطالعہ کتابوں سے کتابوں کا سفر ہے جس کے بغیر کسی زبان کے شعر و ادب سے آگاہی ناممکن ہے لیکن تخلیقی سفر اور عمل میں اس کتابی سفر کو بھولنا یا اسے لاشعور میں محفوظ کر دینا ضروری ہے۔ انگریزی، اردو، ہندی اور ہندوستان کی متعدد علاقائی زبانوں کے ادیبوں اور خاص کر زبان و ادب پڑھانے والے مجھے محدود اور مخصوص لگے۔ وہ پوری زندگی کی معصومیوں اور پیچیدگیوں کو براہِ راست اپنی بانہوں میں

نہیں سمیٹ پاتے۔ دیکھو، میں نے اتنا نصاب پڑھا اور اس طرح نصاب پڑھا کہ کہا جاتا ہے کہ ایم اے اردو میں علی گڑھ میں سب سے زیادہ نمبر لانے کا ریکارڈ میرا آج بھی نہیں ٹوٹ سکا۔ لیکن اس کڑی ریاضت اور تہذیب و تربیت کے بعد کم از کم شاعر اور افسانہ نگار اس TRAINING سے آزاد ہو جانا چاہیے اب شاید مجھے ادب زیادہ نہیں دے سکتا لیکن خدا کی کائنات، ملکوں ملکوں پھیلی ہوئی غیر مشروط زندگی مجھے ایسے نظر آتی ہے جیسے بچّوں کو کھلونا ___ یہ جو لاکھوں سے زیادہ ذہین مشغول و مشروف متفکر اور زندگی چھونے اور پکڑنے والے لڑکے لڑکیاں (جن کا اردو، ہندی زبان اور شعر و ادب سے ایسا کوئی تعلق نہیں جیسے ادب کے طالب علموں اور مدرسوں کا ہوتا ہے) وہ کسی نہ کسی لمحے میں اپنی کون سی سچائی میرے "اچھے" شعروں میں پاتے ہیں۔ نہیں یار، مین شہرت دُہرت کی بات نہیں کر رہا ہوں۔ میرے پاک پروردگار نے کئی بار منظر بھی دکھائے جیسے نیویارک، واشنگٹن، مسقط (عمان) وغیرہ میں کے بعض محفلوں میں ہندوستان کے مشہور فلمی اداکار اور اداکارائیں بھی بھٹک کر مشاعرے یا ادبی محفلوں میں آگئیں۔ ان کی گفتگو (تقریر) اور میری شاعری کے بعد ویسا ہی کچھ منظر رہا جیسا کہ عام طور پر ہوتا ہے۔ کوئی شعبۂ اردو کی کافوری الماریوں کے درمیان محصور ہو کر جو چاہے کہہ سکتا ہے لیکن یہ بڑا خود پسند عہد ہے اور یوں بھی ہر عہد کا انسان خود پسند رہا ہے۔ دوسرے سے محبت اور اپنائیت کا جب بھی اظہار کرتا ہے۔ جب اس کے خواب کسی کے لفظوں میں یا لکیروں میں ہوں۔ میرا سوال: کیا کتابوں سے کتابیں لکھنا شاعری ہے؟ کیا دلوں کے چھونے کی تاثیر (خدا کی عطا / ادب کی CRAFT بالکل نہیں) مدرسوں کے لیے بے معنی ہے۔

مجھے معلوم ہے کہ میری ایک کرم فرما اور تمھاری شاگرد مجھ ناچیز کی غزلوں پر تم سے مضمون لکھوانا چاہتی ہیں۔ یہ سب FORMALITY ہے۔ تم میرے دوست ہو

اس لیے میں تم سے کہہ سکتا ہوں کہ خدا نے تمھیں شاعر پیدا کیا ہے اور غزل بھی ایک صدیوں حقیقت ہے یہ جو صرف احساسات کی صداقت کا خوبصورت اور مہذب اظہار کا تقاضا کرتی ہے، غم و غصّہ اور احتجاج کی بلند آہنگی، طنز کی صداقت بے تمیزی کی سرحدوں سے چھو کر لفظی بازی گری کی تن آسانی سے غزل نہیں بن سکتی۔ ابھی رضیہ کے پاس تمھاری ایک غزل دیکھی، آخری شعر پتنگے کے بدن میں آگ لگ جانے والی امیجری ایک تکلیفی رقص بسمل تھا لیکن باقی شعروں میں مطالعہ اور نساب کی تن آسانی اور جذبوں کی غیر مہذب صداقت جیسا کوئی فریب تھا۔

مظفر 'آئی لو یُو'۔ تم جب غصّہ کرتے ہو، جھلّاتے ہو تو مجھے اچھا لگتا ہے۔ جب ذرا سے مادّی اثرات یا تعلقات میں لوگوں کے قصیدے لکھتے ہو تو افسوس ہوتا ہے۔ تمھیں بھی مجھ پر بہت افسوس ہوتا ہو گا۔ یہی دوستی ہے۔ تمھیں جو کہنا ہے میں سنوں گا۔ میں جو کہہ رہا ہوں وہ تم سنو___

زندگی کے وسیلے سے غزل کو محسوس کرو۔ یہ بہت چھوٹی باتیں ہیں اگر کوئی غنیمت شاعر بہت مشہور رہے تو اس کی تحقیر کر کے مسرّت حاصل کرو۔

تم غزل کے شاعر ہو، اگر میرا کہا مان جاؤ___ ذرا ہنس دو۔

یار تمھارا ایک بہت بڑا مدّاح ہے۔ وہ میرا بڑا بھائی ہے۔ دیپک قمر۔ ان کی کتاب بھیج رہا ہوں۔ ان کا بڑا سا آپریشن ہوا ہے۔ کئی ماہ سے تکلیف اٹھا رہے ہیں، تم ان کی کتاب کی رسید میں اپنے تاثرات بھیج دو گے تو وہ تازہ ہو جائیں گے واقعی تمھیں اتنا ہی "اوور ریٹ" کرتے ہیں۔ بھابی کو سلام، سنا ہے کچھ بیمار رہتی ہیں۔ اللہ پاک انھیں خوب تندرست رکھے۔

تمھارا:۔ بشیر بدر

مدافعت:

بشیر بدر تم!

تمھارا خط اور دیپک قمر کا مجموعۂ کلام مل گئے تھے مجموعے کی رسید شاعر کو فوراً بھیج دی تھی۔ خط کا جواب تفصیل طلب تھا۔ اس لیے رکا رہا۔ پھر میری بھابی بیمار ہو گئیں، اُن کا آپریشن ہوا۔ اور پھر انتقال۔ اس سلسلے میں کئی بار کھنڈوا، ناگپور وغیرہ جانا پڑا چنانچہ تاخیر ہوتی گئی۔ اُمید ہے تم معذور جان کر اس کے لیے مجھے معاف کر دو گے۔

افسوس ہے نصرت میاں کو ہم لوگ باوجود خواہش ایم۔ اے میں داخلہ نہیں دے سکے۔ اوّل تو انھوں نے بی۔ اے پانچ سال قبل کیا تھا اور ہمارے ہاں زیادہ سے زیادہ دو سال کے 'گیپ' کی گنجائش ہے، دوسرے انھوں نے بی۔ اے کا دو سالہ کورس کیا تھا اور یونیورسٹی کے نئے قاعدے کے مطابق ایسے امیدواروں کو جنھوں نے تین سال بی۔ اے کورس مکمل نہ کیا ہو، داخلہ نہیں دیا جا سکتا۔ میں اور میرے تمام ساتھی مجبور ہو کر رہ گئے۔ وہ بچّہ بہت زیادہ ذہین اور تم سے زیادہ سمجھدار ہے۔ خدا اُسے کامران و شادماں رکھے۔

تم نے ایم اے (اُردو) علی گڑھ میں ریکارڈ توڑ نمبر لانے کی بات کی ہے اور ساتھ ہی ادب سے بے نیاز ہو جانے کی خواہش بھی ظاہر کی ہے اور پھر اسی سانس میں غیر ممالک کی محفلوں میں فلمی اداکاراؤں سے زیادہ مقبول و مشہور ہونے پر فخر کیا ہے۔ ایسا ہی ایک واقعہ کبھی اور ہوا تھا۔ پنڈت نہرو کے جلسے میں سامعین کم تھے اور دلیپ کمار کی تقریب میں ناظرین زیادہ۔ تو اس سے کیا ثابت ہوتا ہے پیارے؟ یہی نہ کہ تم مشاعرے کے بہت مقبول شاعر ہو۔ اب اس حقیقت سے انکار نہ کرنا کہ بیکل اُتساہی، کیف بھوپالی، منور رانا، راحت اندوری، ساغر اعظمی وغیرہ عوامی مشاعروں میں تم سے بھی زیادہ مقبول ہیں____ تو____؟ اور میرے بھائی تم مجھ سے کیا خفا ہوئے، اردو کے تمام شعبوں کی اہمیت کے منکر

ہو گئے۔ حالاں کہ ایسے ہی ایک شعبۂ اردو نے تمھیں کانسٹبل سے ڈاکٹر بنا دیا ہے اور دوسرے نے پروفیسر!

بے شک رضیہ حامد میری عزیز شاگردہ ہیں اور تمھاری مدّاح۔ ہمارے طلبہ میں راز اللہ آبادی اور عالم فتحپوری کے سخن بھی ہوتے ہیں اور خدا کا شکر ہے کہ ہم جامعہ میں اپنے شاگردوں کی سوچ پر قدغن نہیں لگاتے، لیکن اس سے یہ کہاں طے پایا کہ ہم خود بھی بشیر بدر یا ایکس وائی زیڈ کو پوجنے لگیں گے۔ تم بے شک میرے دوست ہو لیکن "دوست آخر صنم نہیں ہوتا۔" تنقید میں دوستی سچ بول کر بھی نبھائی جاتی ہے۔ ظ۔ انصاری نے میری کتاب 'عکس ریز' کو سخت ناپسند کیا اور میں نے اُن کی وہ تحریر اس کتاب میں نہ صرف پیش لفظ کے طور پر شامل کی بلکہ اس کتاب کا انتساب بھی ظ کے نام کیا۔ پھر موصوف نے میری ایک اور کتاب "وضاحتی کتابیات" کے بخیے اُدھیڑے تو میں نے اپنی کتاب "جائزے" ان کے نام معنون کر دی۔ ظ۔ اور ہم آج بھی ایک دوسرے کے قریب ہیں۔ تم نے دوستی کے فرائض میں حاسیہ برداری بھی شامل کر رکھی ہے کیا؟ میرے ہاں اس کی جگہ خلوص اور حق گوئی کی اہمیت زیادہ ہے۔

ہاں رضیہ آئی تھیں اور اپنے پرچے کے لیے تمھارے فن پر مجھ سے مضمون کی خواستگار تھیں۔ قبل ازیں جے پور کے "انتخاب" والے، اٹاوہ کے "لمحے لمحے" والے اور لدھیانہ کے کسی جشن والے بھی یہ فرمائش کر چکے تھے اور سبھی نے کہا کہ وہ یہ فرمائش تمھاری خواہش پر کر رہے ہیں۔ میں نے ہر ایک سے معذرت کی۔ آخر تم مجھے اپنا مدّاح بنانے پر کیوں تلے ہوئے ہو، سیدھا سادہ منھ پھٹ دوست کیوں نہیں رہنے دیتے؟ میں نے ڈاکٹر رضیہ کو سمجھایا تھا کہ بادہ ظرفِ قدح خوار کے مطابق دیا جاتا ہے۔ ایک مضمون کے مختصر پیراگراف میں جو بمشکل پانچ چھ سطروں پر مشتمل تھا، میں نے بشیر بدر کے

بارے میں اظہارِ خیال کیا۔ ان میں سے نصف حصہ توصیفی تھا اور ڈھائی تین سطریں شاعری کی خامی سے متعلق تھیں، کو شخص ان چھ چھ سات برسوں میں وہ ڈھائی تین سطریں ہضم نہیں کر سکا وہ مفصّل مضمون کا متحمل کیا ہو گا؟

یہ مضمون (نئی غزل کے بیس سال ہندوستان میں) ۱۹۸۰ء میں ہند و پاک کے کئی جریدوں مثلاً "شاعر" (بمبئی) "نیرنگ خیال" (راولپنڈی) میں چھپا تھا اور بعد ازاں میرے مجموعۂ مقالات "جہات و جستجو" میں شائع ہوا۔ اس کی اشاعت کے بعد تم مجھ سے کتنا جھگڑے تھے، یاد ہے؟ جمشید پور میں تم نے میرے ساتھ ساتھ غالبؔ، یگانہؔ اور شادؔ عارفی جیسے عمائدینِ شعر و ادب کو اچھے غزل گویوں کی صف سے خارج کر دیا تھا کیوں کہ یہ سب نرم و نازک جذبات و خیالات کی جگہ غزل میں تلخ حقیقتیں پیش کرنے کی روش پر گامزن تھے۔ واپسی میں ہمارا کئی گھنٹے ٹرین پر ساتھ بھی رہا اور تم نے مشاعروں میں پسند کی جانے والی اپنی مقبول غزل (کوئی پھول درد کی پتیوں میں ہرے ربن سے بندھا ہوا) پر میری رائے چاہی تھی اور میں نے ہر مصرعے کا تجزیہ کر کے تمھیں اس رمز سے آشنا کیا تھا کہ بقول تمھارے جن اشعار پر مشاعرے اُلٹ جاتے ہیں، وہ معائب کی پوٹ سے کم نہ تھے۔ بعد ازاں یہ غزل بدلی ہوئی شکل میں دیکھ کر مجھے فراق گورکھپوری یاد آئے جنھوں نے اپنی غزل کا ایک مطلع بدل کر باقاعدہ رسالے مین اعتراف کیا تھا کہ یہ اصلاح شادؔ عارفی کی تنقید کو قبول کرتے ہوئے کی گئی ہے۔ یہی اچھے اور سچّے شاعروں کا وطیرہ ہے۔ جس مضمون سے تم اتنے برہم ہو وہ ناصرہ شرما (پروفیسر ضامن علی مرحوم کی صاحبزادی) کی فرمائش پر جے این یو، کیمپس میں منعقدہ ایک ادبی جلسے میں پڑھا گیا تھا۔ یقین نہ آئے تو حسن نعیم شاہد ہیں، اس مضمون میں باقیؔ پر بھی سخت لیکن صحیح تنقید کی گئی تھی۔ باقیؔ اس جلسے کے مہمانِ خصوصی تھے۔ نہ صرف وہاں بلکہ آخری دم تک انھوں نے اس تنقید پر

کسی کبیدگی کا اظہار نہیں کیا۔۔۔۔۔۔اور اکثر میری تازہ غزلوں کے اشعار سُنا کر پسندیدگی کا اظہار کرتے رہے۔ ان کھرے شاعروں کے بر عکس تم ہو کہ جب تنہائی میں ملے تو رویہ لچکدار اور مصالحانہ رہا لیکن جلسوں میں یا دوسروں کے سامنے ہمیشہ بناوٹی شان کے ساتھ پیش آئے۔ پیارے بشیر بدرؔ خلوص صرف اچھی شاعری کا ہی جوہر نہیں، اچھے شاعر کی پہچان بھی ہے۔

تم نے میری ایک غزل پر اظہارِ خیال کیا۔ بہت بہت شکریہ۔ تمھارے نظریات کو تبدیل کرنے کی کوشش میں ہر گز نہیں کروں گا۔ یہی کیا کم ہے کہ اتنی کشیدگی اور اعصاب زدگی کے عالم میں تنقید کرتے ہوئے بھی تمھیں اس کا ایک شعر پسند آگیا۔ میں نے ایسی ایسی ۱۵۰۰ (ڈیڑھ ہزار) غزلیں کہی ہیں۔ باقی رہ جانے والے کچھ شعر تو ہوں گے ان میں۔

مادّی اثرات یا تعلقات کے تحت میرے قصیدہ لکھنے کی بات تم نے جس سادہ لوحی کے ساتھ کہی ہے اس پر مر مٹا میں تو۔ کیا تم نے عبداللطیف اعظمی صاحب کی شان میں میرا قصیدہ پڑھا ہے۔ پڑھا ہے تو اسے سمجھا بھی ہے کیا؟ ایک بار پھر پڑھ کر دیکھو اس میں مادّی اثرات کہاں کہاں کار فرما ہیں! اگر تمھارا اشارہ منوّر رانا سے متعلق میرے مضمون کی جانب ہے تو وہ خود تمھارے اس مضمون کے جواب میں لکھا گیا تھا جو "شاعر" (بمبئی) میں چھپا تھا اور جس میں تم نے انکشاف کیا تھا کہ غزل کی کوئی زبان یا علاقہ نہیں ہے۔ اردو کے مٹ جانے پر بھی غزل باقی رہے گی۔ میں تو بھائی منوّر رانا کو تم سے بہتر مانتا ہوں حالاں کہ انھوں نے میری آج تک ایک بھی دعوت نہیں کی۔ نہ بڑے معاوضے پر کسی مشاعرے میں مدعو کیا۔ یہ فائدے تم نے اُن سے ضرور حاصل کیے ہیں۔ میرے غریب خانے پر تو وہ ایک خورد دوست کی طرح آتے ہیں اور کبھی کلکتہ جاتا ہوں تو وہاں بھی ادب سے پیش

آتے ہیں۔ یہی مادّی اثر میں نے قبول کیا ہے اُن سے۔ اس کے برعکس مجھے بھوپال، کلکتہ، جمشید پور وغیرہ کی کئی ایسی نشستیں اور مشاعرے یاد آرہے ہیں جہاں تمھارے مقابلے پر "کم مقبول" فن کار سراہے گئے اور تمھیں ہوٹ کیا گیا اور جہاں تم بانیانِ مشاعرہ کی گھنٹوں خوشامدیں کرتے پائے گئے۔ کیا ایسی یادداشتوں کو قلم بند کرنا پڑے گا ہم جیسے "چُھٹ بھیّوں" کو_ تمھاری فرمائش پر میں ہنستا ہوں۔ تم بھی اس ہنسی میں میرا ساتھ دو لیکن یاد رکھو کہ مجھے ہنسی شادؔ عارفی کا یہ شعر پڑھ کر آئی ہے:

چند بڑے لوگوں سے مل کر میں نے یہ محسوس کیا ہے
اپنی بابت نااہلوں کو کیا دلچسپ گماں ہوتے ہیں

تمھارا: مظفرؔ حنفی

آخری کیل:

بی رضیہ!

تم بشیر بدرؔ نمبر کے لیے مجھ سے مضمون کی خواہش مند تھیں۔ سو حاضر ہے۔ تمھارے نام یہ خط، میرے نام بشیر بدرؔ کا مراسلہ اور انھیں بھیجا گیا میرا جواب، سب مل کر اس مضمون کی تکمیل کرتے ہیں۔ ماضی میں اس قسم کا ایک بہت دلچسپ مضمون محمد طفیل (مدیر نقوش) نے جوش پر شاہد احمد دہلوی کیے پرچے "ساقی" کے لیے قلم بند کیا تھا۔ نہ صرف یہ کہ محمد طفیل دیو قامت تھے بلکہ ان کا ہدف بھی اتنا ہی عظیم تھا۔ مجھے اعتراف ہے کہ بقولِ ناصر کاظمی میں نے پدّی کا شکار کیا ہے لیکن لوگ یہ بھی تو دیکھیں گے کہ کِن حالات میں کیا ہے!

بھوپالن بیا! تمھارا کارنامہ بھی کم نہیں کہ تم نے مضمون کی تکمیل کے لیے بڑی

ذہانت کے ساتھ میدان ہموار کیا۔ مجھ سے بحث کرتی رہیں کہ مضمون بہر حال چاہیے، مجبور ہو کر جب میں نے وجہ بیان کی اپنی کوتاہ قلمی کی، تو اسے تم نے پہنچا دیا بشیر بدرؔ جیسے زود حِس اور خود پسند شاعر تک، جس نے تاؤ میں آکر اس مضمون کا ایک حصہ فی البدیہہ گھسیٹ دیا۔ بقیہ کام میرے لیے آسان تھا۔ چنانچہ ٹیپ کا بند لگا کر تمھارے نمبر کے لیے مقالہ مکمل کر دیا ہے۔ ویسے بشیر بدر کے بارے میں میری رائے اب بھی وہی ہے جس کا اظہار ۱۹۸۰ء کے اپنے مضمون "نئی غزل کے بیس سال ہندوستان میں" کر چکا ہوں۔ تمھاری سہولت کے لیے اور قارئین کی یادداشت تازہ کرنے کے لیے متعلقہ اقتباس درج ذیل ہے:

"بشیر بدرؔ کے بارے میں میری رائے بڑی ڈھلمل یقین سی رہی ہے۔ کبھی ان کی کوئی اتنی حسین غزل نگاہ سے گزرتی ہے کہ بے ساختہ انھیں بڑا شاعر سمجھنے کو جی چاہتا ہے۔ ایسے خوبصورت پیکر تراشنے والا شاعر، ایسے نرم وسبک جذبات کو، جو کسی طرح قابو میں نہ آتے ہوں، شعر میں بے تکلفی کے ساتھ ڈھال دینے والا فن کار، جھلملاتی ہوئی خوابناک کیفیاتی فضا تخلیق کرنے والا غزل گو یقیناً اہم مرتبے کا مستحق ہے۔ لیکن قدم قدم پر رعایت شعری سے کام لے کر سہل پسندی کا اور شاعرانہ عجز کا اعتراف کرنے والا، ایک ایک مصرعے میں پانچ پانچ، چھ چھ حروف کو دبانے والا ساقط کرنے والا، شہرت کے لیے جدیدیت کو اوپر سے اوڑھنے والا، صرف معاملات حسن و عشق تک ہی محدود رہنے والا کیسے بڑا شاعر ہو سکتا ہے۔ بشیر بدرؔ نے اینٹی غزل بلکہ نثری غزل تک لکھی ہے۔ میں سمجھتا ہوں ابھی اس شاعر کے بارے میں کوئی رائے قائم کرنا قبل از وقت ہو گا۔ "اکائی" اور "امیج" میں شامل ان کی غزلیں بشیر بدرؔ کو کوئی نمایاں مقام نہیں عطا کرتیں لیکن ادھر چند برسوں سے ان کے ہاں میانہ روی اور ضبط و تحمل کے آثار نظر آتے ہیں، ان کے پیشِ

نظر اور یجنل بشیر بدرؔ کی آمد کی امید بندھتی ہے۔"

(جہات و جستجو ص ۵۸)

جادو وہ جو سر چڑھ کر بولے۔ اس آخری جملے سے شہ پا کر بشیر بدرؔ نے اپنے تازہ مجموعۂ کلام کا نام ہی "آمد" رکھ دیا۔ لیکن اب بسا آرزو کہ خاک شدہ، معدودے چند شعروں کے علاوہ یہ مجموعہ بھی بس تھوپ دیا گیا ہے۔ چنانچہ ہمیں ابھی اور انتظار کرنا ہو گا۔ شاید بوڑھا بشیر بدرؔ فنی پختگی کے وہ چراغ جلائے جو جوان بشیر بدرؔ روشن نہیں کر سکا۔

تمھاری بھابی کا حال بہتر ہے۔ دعا لکھواتی ہیں۔

تمھارا:

مظفرؔ حنفی

* * *

منٹو کے فن کا معرکۃ الآرا تجزیہ

منٹو کا فن

مصنف: سید وقار عظیم

بین الاقوامی ایڈیشن منظر عام پر جلد آرہا ہے